MEMOIRE
en Images

COLOMBES

H S A
SOUVENIR
DE COLOMBES
Vœux de bonheur !
M. Lassus.
POSTES

MEMOIRE
en Images

COLOMBES

Daniel Legros

ALAN SUTTON

Editions Alan Sutton
27, Quai de la Prévalaye
35000 Rennes

Première édition octobre 1995

ISBN 2-910444-57-0

Dépôt légal : octobre 1995.
Imprimé en Grande-Bretagne par
Redwood Books Limited, Trowbridge.

Table des matières

Remerciements

A mesdames Michèle Mornet-Goutagneux (conservateur), Elisabeth Roger du service des archives municipales, Elisabeth Lezé-Olivier (conservateur) et Marie-Lise Vallée du musée d'art et d'histoire de Colombes pour le bon accueil et les renseignements obligeamment fournis. A monsieur et madame Jean-Claude Peche, Michel Toulet, Jean-Louis Vatinel pour le prêt de documents et à toutes les personnes qui par leurs renseignements ont aidé à la réalisation de ce livre.
Une partie des renseignements concernant la photo du haut de la page 70 a été aimablement fournie par madame Hervet - fille de monsieur Malige.

Bibliographie

Monographie des communes de la Seine-Colombes, 1905.
Histoire de Colombes à travers les âges, Léon Quenehen, 1937.
Histoire de la Garenne, Léon Quenehen, 1960.
Colombes historique, Mattéo Poletti.
Les jeux de la 8ème Olympiade de 1924, Comité Olympique Français.
Les Yeux du Stade, œuvre collective, rédigée sous la direction de Florence Pizzorni, ancien conservateur du musée.

Introduction

Le premier acte faisant mention du nom de Colombes remonte au XIIe siècle, ce qui, à priori, exclu l'hypothèse que l'origine de son nom soit liée à la présence de pigeonniers ou colombiers sur son territoire, puisque ceux-ci en tant que bâtiments destinés à l'élevage des pigeons pour l'alimentation, mais surtout pour la fourniture d'engrais, n'apparaissent qu'au XVIe siècle et se multiplient aux XVIIe et XVIIIe siècles. L'origine de son nom est certainement plus liée à la présence d'une colonne ou pierre levée se situant en haut de l'actuelle rue Saint-Denis à la jonction de la rue de Verdun et du boulevard de Valmy. 'Coulombe' en vieux français signifiant : colonne.

Le seul témoin visible du passé lointain de Colombes est le clocher de la vieille église qui a été préservé lors de la destruction de l'église vétuste, nécessitée par l'élargissement de la rue de Verdun. Ce clocher roman daterait du XIIe siècle, le chœur était des XVe et XVIe siècles ; les derniers agrandissements de l'église ont été effectués au début du XVIIe siècle, elle fut restaurée et remaniée en 1849 et 1892.

Si l'histoire de Colombes est riche de nombreux petits faits, il n'est pas connu d'événement majeur marquant son histoire, mais il faut quand même se rappeler que 1614 est marquée par l'établissement d'un cahier de doléances où les Colombiens, entre autres, se plaignaient des

impôts trop lourds, de la longueur des procès et de la cherté des actes. Pour l'essentiel, le deuxième cahier de doléances de 1789 demandait une meilleure répartition de l'impôt et dénonçait surtout les ravages occasionnés par le gibier.

Le village était entouré de remparts au Moyen Age, qui après avoir été détruits par les Anglais au cours de la guerre de Cent Ans, furent reconstruits au début du XVIIe siècle. La tour du boulevard Gambetta que beaucoup de Colombiens ont connu en était un vestige. Colombes a été un lieu de résidence et de villégiature apprécié des grands personnages, il n'est que de voir un plan du XVIIIe siècle pour dénombrer les grandes propriétés qui occupaient son territoire. Les faits qui doivent retenir notre attention sont surtout ceux qui amenèrent la séparation du quartier de Bois-Colombes à la fin du siècle dernier et celle de la Garenne-Colombes en 1910. Il est bien évident que Colombes n'a pas été toujours une cité de 80 000 habitants et que sa superficie actuelle de 795 hectares était à la fin du siècle dernier beaucoup plus étendue, puisqu'elle englobait la commune actuelle de Bois-Colombes et celle de la Garenne.

Le quartier de Bois-Colombes devint commune en 1896 après vingt années d'un combat acharné, les habitants du quartier de Bois-Colombes ou des Bois de Colombes comme l'on disait à l'époque arguaient principalement que la municipalité les délaissait au niveau de l'entretien des voies et des structures communales, mais Bois-Colombes se reconnaissait surtout comme "d'essence différente" par rapport à Colombes dont la majeure partie de la population était paysanne, alors que celle de Bois-Colombes était composée d'employés, de fonctionnaires, artistes, comédiens, rentiers et propriétaires fonciers. Ce quartier avait commencé son essor à la moitié du siècle dernier, de 17 foyers avant la création de la gare en 1857, il était passé à 6 508 habitants en 1891, quelques années avant la scission. Cette lutte des Bois-Colombiens est émaillée de pétitions et d'avis contradictoires, des préfets, conseils généraux, municipalités successives de Colombes, et parfois de celle d'Asnières sur laquelle on devait prendre une partie de son territoire. Enfin, le projet fut adopté sous la présidence de Félix Faure et fut publié au *Journal Officiel* le 17 mars 1896.

En ce qui concerne le quartier de la Garenne, des tendances séparatistes se manifestèrent très tôt. En 1870, les Garennois furieux de ne pas obtenir la gare qu'ils revendiquaient, s'en prirent à la municipalité et pétitionnèrent dans le but de se séparer de la commune mère. Les premiers projets d'indépendance de Bois-Colombes (vers 1880) incitèrent les Garennois à souhaiter également leur autonomie en songeant qu'une fois leurs voisins séparés ils auraient moins de mal à avoir satisfaction. Ils s'armèrent de patience et attendirent l'instant favorable. Mais ce n'est qu'en 1889 que la Garenne marqua nettement son désir de séparation, argumentant du manque d'entretien des voies publiques et des impôts élevés. Mais ces Garennois qui se jugeaient en meilleure position que les Bois-Colombiens pour obtenir satisfaction durent quand même attendre vingt ans pour aboutir... Et ce fut après nombre de péripéties : démissions systématiques des élus du quartier de la Garenne qui se représentaient quelques mois après - ou encore vives controverses au niveau des limites de la nouvelle commune, particulièrement en ce qui concernait le quartier de la Petite Garenne - et bien d'autres encore... Le préfet trancha et accorda son autonomie à la Garenne. La loi fut signée par le président de la République Armand Fallières et promulguée au *Journal Officiel* le 2 mai 1910. Le 22 juin le Conseil municipal de la toute nouvelle commune demandait le rattachement des quartiers de la Petite Garenne, des Gros-Gres, des Vats et des Canibouts ! Ce projet adopté à l'unanimité ne fut pas suivi d'effets...

L'essentiel des illustrations de cet ouvrage est composé de cartes postales anciennes, elles nous rendent compte de l'aspect de Colombes au début du siècle et de la vie que l'on y menait. La commune change si rapidement et si profondément qu'il n'est pas inutile d'apporter le témoignage de ces cartes pour rappeler ce qu'elle était il n'y a pas si longtemps. Plus de 80 éditeurs de cartes postales anciennes de Colombes ont été recensés à ce jour, parmi eux plus de vingt étaient Colombiens ou Garennois. Nous pouvons leur être reconnaissants de nous avoir transmis ces témoignages.

I

Les transports

Voici l'une des toutes premières locomotives pour train de voyageurs de la compagnie de l'Ouest. En 1837, fut créée la ligne Paris/Saint-Germain qui traversait la commune de Colombes mais qui ne comportait pas de station sur son territoire, au grand dam de ses habitants qui devaient se rendre à Asnières ou Nanterre. C'est pour cela que l'on comprend mal les vives protestations de la municipalité préalable à la mise en place de la ligne Paris/Argenteuil (qui en réalité s'arrêtait au Petit Gennevilliers). Cette dernière invoquait le morcellement de son territoire exclusivement destiné à l'agriculture. La ligne fut quand même inaugurée en 1851 et un pont sur la Seine fut construit pour la prolonger. En 1897, un service de voitures automobiles dit "Train Scotte" fut crée entre Colombes et Courbevoie par la Garenne, mais cette entreprise périclita la même année.

La première station à Colombes de la ligne Paris/Argenteuil avait été aménagée dans une tour de l'ancienne propriété Courtanvaux. La station ci-dessus fut mise en place le 6 juillet 1863.

L'intérieur de la Gare.

A cette époque les voies étaient au niveau des rues.

Oeuvre de l'architecte Urbain Cassan, le viaduc qui donne son aspect actuel à la gare fut réalisé en même temps que les nouvelles gares de Bois-Colombes et du Stade en 1934. D'une longueur de 585 mètres, d'une hauteur moyenne de 5,50 et d'une largeur minimum de 18, il était formé en réalité de 2 viaducs accouplés qui se disjoignaient en gare de Colombes pour laisser la place à un quai central. Cet ouvrage était destiné à éviter les passages à niveau et mettre les voies à l'abri des inondations. L'électrification de la ligne Paris/Argenteuil fut réalisée en même temps.

La gare du stade fut spécialement construite pour les Jeux Olympiques de 1924 ; elle était destinée à desservir le stade où se déroula l'essentiel des épreuves.

Au début cette gare portait le nom de "Garenne Bezons" ; elle s'appelle Garenne Colombes depuis 1985. Son aspect n'a pas changé depuis sa mise en exploitation le 1er juillet 1887.

L'intérieur de la gare et les voies

La mise en exploitation de la gare des Vallées se fit le 15 octobre 1897. Comme celle de la Garenne son aspect n'a pas changé.

L'intérieur de la gare des Vallées.

AGENCE PLACE DE LA GARE DES VALLÉES

Mon Rolet

LA GARENNE

Ventes et Locations de

PROPRIÉTÉS

TERRAINS et MAISONS

Prêts Hypothécaires

RENTES VIAGÈRES

LES VALLÉES pour PARIS

4 58	a2 28
5 55	b2 50
6 14	a3 02
6 31	a3 34
b6 44	b3 35
b6 59	3 53
7 18	4 19
b7 34	a4 29
a7 39	4 55
8 04	b5 33
b8 31	b5 47
8 40	6 05
a8 54	6 29
b9 02	6 58
9 34	b7 09
10 05	7 23
10 28	b8 14
11 »	8 28
11 25	a9 »
12 »	b9 10
12 28	a9 20
1 02	a9 49
1 29	10 15
b1 45	10 55
2 07	11 15
b2 21	12 05

PARIS pour LES VALLÉES

b5 42	4 10
6 35	a4 20
7 03	4 30
b7 30	4 50
a7 36	5 16
b7 51	5 40
b8 15	a6 02
8 30	b6 07
9 10	6 20
b9 30	6 37
10 10	7 02
10 32	b7 19
10 36	7 30
11 15	a7 40
11 44	b8 01
	8 31
12 04	9 »
12 30	9 55
b1 06	11 »
b1 30	11 35
a1 36	12 13
2 05	12 42
2 36	
3 11	
a3 35	
b3 45	

a. DIMANCHES ET FÊTES — b. SEMAINE SEULEMENT

Horaire publicitaire des trains : Les Vallées/ Paris et vice-versa.

Sur cette carte postale de 1904, les moyens de transport du début du siècle sont bien identifiables. Les tramways avec leurs remorques passent le pont, le train est arrêté sur les voies.

Ce passage à niveau situé dans une courbe était particulièrement dangereux à cette époque où la fréquence des trains était déjà grande. Classé en 3e catégorie il ne comportait ni gardiennage ni éclairage pendant la nuit. Il avait déjà fait 4 morts lorsque le conseil municipal demanda son classement en 1ère catégorie le 21 septembre 1913. Il fallut réitérer plusieurs fois la demande avant que le préfet de la Seine ne la transmette au préfet de police en août 1919. A droite, au premier plan, on remarque une tour, vestige des remparts du XVIIe siècle.

A la gare de Colombes, le passage à niveau était doublé d'une passerelle permettant aux piétons de traverser les voies lors du passage de trains.

Passage à niveau et maison du garde-barrière à la gare des Vallées.

Le passage à niveau des Montclairs était situé sur la ligne de raccordement dite "stratégique" reliant la gare de Colombes à celle de Bécon. Cette voie, maintenant inutilisée, a été aménagée en espace vert et est devenue la "Coulée verte", lieu de promenade apprécié des Colombiens.

L'hiver, sous le vent et la pluie, on se dépêchait de traverser cette passerelle des Vallées.

La passerelle du Moulin Joli était très appréciée des ménagères du quartier nord se rendant au marché de la Garenne ; sans cette dernière, elles auraient été obligées de passer par le pont de la Puce ou du Commerce.

Ce pont avait été l'aboutissement de longues négociations entre la municipalité et la compagnie de l'Ouest.

Il avait fallu de nombreuses pétitions des habitants du quartier depuis 1896 pour qu'un passage soit enfin percé sous la ligne stratégique par la compagnie de l'Ouest en 1908, permettant un accès plus facile aux écoles et au centre de la ville.

Au bout du pont, à côté du "chalet du pont de la Puce", était situé l'octroi.

Le '64' passant le pont de la Puce pour se rendre porte de Champerret. C'était l'ancêtre de l'actuel autobus 164.

Sur ce cliché le tramway de Neuilly (porte Maillot) à Bezons (quai) arrive place de la Fontaine à Colombes. Son prochain arrêt sera le champ de course.

Ce tramway à impériale assurait la ligne Madeleine/Colombes (4 routes).

A l'arrêt des Quatre-Chemins au Petit-Colombes, un tramway avec sa "baladeuse". Ces remorques à claire-voie n'avaient que des rideaux pour protéger les voyageurs des intempéries. Ce tramway faisait la ligne Neuilly (porte Maillot) à Maisons-Laffitte.

A cet embranchement, les tramways venant de Neuilly allaient soit à Maisons-Laffitte en passant par Bezons, Houille et Sartrouville, soit à Bezons en passant par Colombes et Argenteuil. Le nom “d'embranchement” est resté à ce carrefour.

L'organe officiel du syndicat des cheminots : "*La tribune de la voie ferrée*" du 28 octobre 1906 rejetait toute la responsabilité de cet accident sur la compagnie de l'Ouest dont le refus d'investir et d'embaucher du personnel était cause de très nombreux retards, qui étaient eux-mêmes causes d'accidents.

Accident de chemin de fer du 5 janvier 1910. Le "*Nouveau Journal*" du dimanche 9 janvier 1910 relatait : "Mercredi vers 1 h 00, un train de marchandises qui sortait du dépôt qui se trouve vers la gare de Bois-Colombes a déraillé, il s'agissait de 2 plates-formes chargées de rails. La ligne d'Argenteuil fut bloquée et les trains ne passaient qu'à de rares intervalles. Le trafic normal fut rétabli vers 18h00. Les conséquences de cet accident furent les suivantes : le rapide '129' allant au Havre et qui passe habituellement par la ligne d'Argenteuil, obligé d'emprunter la ligne de raccordement, se jeta sur les butoirs et la locomotive se renversa (ci-dessous). Heureusement le conducteur, le mécanicien et le chauffeur avaient sauté à terre avant le choc. Les voyageurs furent obligés de gagner à pied la gare de Colombes. Le même jour, un déraillement se produisait à Bécon, lui aussi sans victime".

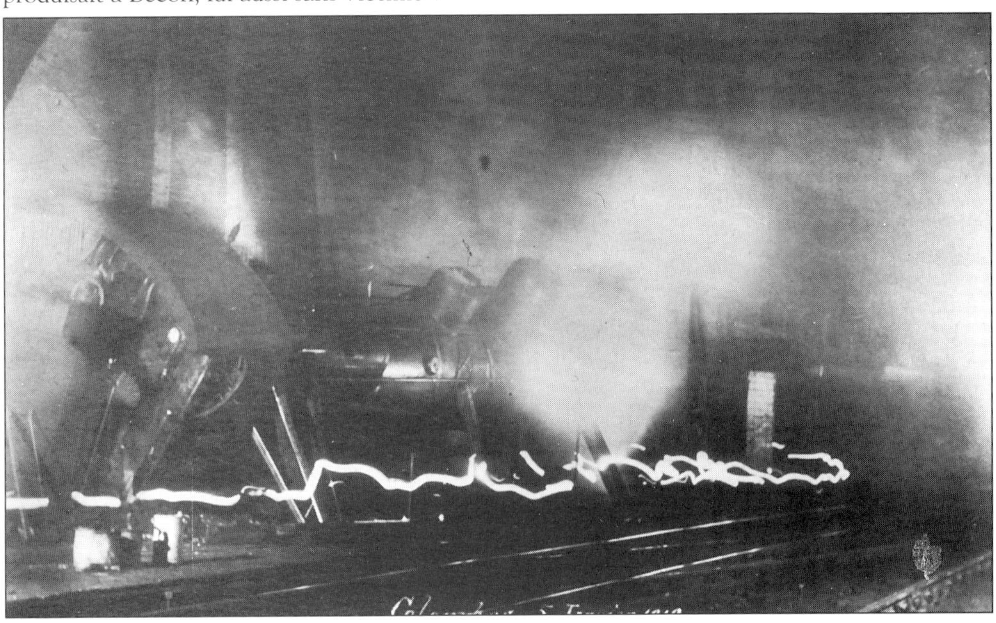

II
La Seine

Si aujourd'hui la Seine est un peu oubliée des riverains, il n'en a pas toujours été ainsi. Dès la moitié du XIXe siècle, ses rives ont été le site préféré des pêcheurs, des canotiers, amateurs de pique-nique et baigneurs. Les guinguettes et loueurs de bateaux étaient présents sur les deux rives et dès 1851 le train arrivant au Petit Gennevilliers en favorisait l'accès. Le bassin d'Argenteuil situé sur les trois communes d'Argenteuil, Colombes et Gennevilliers était le rendez-vous des impressionnistes et les nombreuses toiles qu'ils ont laissées témoignent de la fréquentation et de la beauté de ce site aujourd'hui délaissé. La navigation de plaisance était très prisée.

En ce temps-là, on pouvait laver son linge dans la Seine.

Ce nom "d'île aux draps" vient de ce que sur ces champs l'on étendait les draps et le linge nettoyé dans les bateaux-lavoirs.

Le bras mort de la Seine, situé entre l'île Marante et Colombes, servait de garage à péniches.

Comme maintenant, les trains de péniches défilaient sur l'eau.

Sous les arches du pont Neuf, le paysage d'Argenteuil. Sous l'arche centrale : le chantier naval Claparède.

Sur cette carte ayant circulé en 1908, on distingue les toits jumeaux et la véranda du chantier Texier (construction et garage de yachts et embarcations de plaisance). C'était l'un des deux ou trois chantiers navals de l'époque situés au Petit-Gennevilliers. Au premier plan la maison Fournel. Depuis un arrêté préfectoral du 31 décembre 1928, une partie de l'île aux Draps, territoire de Gennevilliers, est revenue à Colombes.

Au XVIIIe siècle, Watelet, Receveur général des finances, peintre, poète et graveur créa sur l'île de Moulin Joli un domaine qui fit l'admiration de la haute société de l'époque. Très versé dans l'art du jardinage, il fit aménager un parc magnifique. A l'inverse de Le Nôtre, il excluait les allées droites et les beaux parterres, il réalisa ce qu'on appellerait aujourd'hui un jardin anglais. Le domaine devint Bien national à la Révolution et passa entre plusieurs mains avant d'être morcelé. Il n'y a plus d'îles à Colombes mais un parc, ouvert à tous, s'étend entre le pont Neuf et le pont de Bezons, il permet d'y flâner en contemplant le fleuve.

On accédait à l'île par un bac.

La ferme du Moulin Joli.

L'été de 1909 fut très pluvieux et en novembre les terres, saturées d'eaux, n'absorbaient plus rien ; après cette date il continua de pleuvoir. Le phénomène fut amplifié par les chutes de neige et le haut niveau de la Marne et de la Haute Seine. La montée des eaux fut extrêmement rapide : de 3,9 mètres le 22 janvier à Bezons, elle passait à 8,1 mètres le 26. Quand la digue fut submergée, le bas de la commune fut inondé avec une extrême rapidité, surprenant les habitants dans leur sommeil. La police, les pompiers, la marine, l'armée et des volontaires furent appelés à l'aide. Si les cas de bravoure et d'abnégation furent fréquents, on signala hélas la présence de pillards qui la nuit venue dévalisaient en barque les maisons abandonnées.

Le bilan fut lourd, un quart de la commune fut inondé, 1000 maisons touchées, 5000 habitants évacués (la commune comptait 22 000 habitants à l'époque), de nombreuses familles avaient tout perdu, les usines et les entreprises inondées contraintes de fermer leurs portes avaient mis leur personnel au chômage sans aucun espoir d'indemnisation. La solidarité se manifesta sous forme de dons en nature ou en espèces venant de toute la France, mais aussi de l'étranger, des souscriptions furent ouvertes. Des communes non touchées par le désastre accueillirent les réfugiés. Ce n'est que fin janvier que les premiers signes de décrue se manifestèrent à raison d'environ 1 cm/ heure ; mais certains habitants ne purent regagner leur domicile que fin février, où l'on imagine aisément le travail qui les attendait.

Le marin au centre semble perplexe devant cette eau pas vraiment navigable.

De par la proximité du fleuve, le stade n'échappa pas à l'inondation et se transforma en lac.

Devant l'entrée du stade du Matin.

Le *Jurien de la Gravière* était une drague occupée au dragage du fleuve en temps ordinaire.

Les sapeurs du génie furent toujours sur la brèche et se signalèrent par leur courage et leur sang-froid.

La digue fut l'objet de soins constants mais lorsqu'elle fut submergée il était trop tard.

Réparation de la digue.

La digue destinée à maîtriser la montée de l'eau l'empêcha de s'écouler lors de la décrue, il fallut pratiquer des brèches.

Après la décrue...

III
Squares et monuments

Le premier square de la commune fut celui de la Garenne (ci-dessus), situé boulevard de la République ; il avait été aménagé sur le terrain communal à la suite d'une souscription des habitants du quartier et avait coûté 3 069,35 FF. Celui de Colombes est dû au legs de Louis Marie Léonor Fermé (1852/1910) qui à sa mort, le 13 avril 1910, fit de la commune de Colombes son légataire universel. Son nom fut donné au square par la municipalité le 17 mai 1913. A l'origine, du haut du square, on pouvait contempler les jardins et vergers descendants vers la Seine ainsi que les coteaux d'Argenteuil.

Square Louis Fermé. Il y avait du personnel pour l'entretien du jardin.

A droite derrière la haie, le boulevard Edgar Quinet. Au fond, les coteaux d'Argenteuil sont visibles.

Il fait bon se promener sous les tilleuls du jardin public.

Ce belvédère est maintenant remplacé par un petit bâtiment de service qui est loin d'avoir le charme désuet de l'ancienne construction.

Colombes comptait deux kiosques à musique, l'un dans le square de la Garenne représenté ci-dessus (inauguré le 28 octobre 1900) ; et l'autre, ci-dessous, sur la place de la République derrière l'hôtel de ville (détruit en 1950). Ses deux kiosques furent offerts à la ville par le concessionnaire des deux marchés (Centre et la Garenne), Hippolyte Ancillon ; c'était un entrepreneur de marchés publics et il résidait au 12, rue de l'Eglise à Bois-Colombes.

La Colonne était située à l'intersection des rues d'Asnières (actuelle rue Raymond Ridel) et Voltaire au carrefour dit de la Colonne. Ce monument du quartier de la Garenne est assez mystérieux, visible sur un plan de 1886, il aurait été érigé pour commémorer le morcellement du nouveau village de la Garenne. Les inscriptions du socle relevées avant leur effacement confirmeraient cette hypothèse. Démunie de ses lanternes, elle est toujours visible dans la commune de la Garenne-Colombes.

La place de la Reine Henriette avant l'implantation du monument aux Morts de Colombes. Construit sous l'égide d'un comité qui se chargea de recueillir les fonds nécessaires à son érection, le statuaire fut choisi par voie de concours. Six candidats apparemment tous Colombiens y participèrent : messieurs Bobin, Combescot, Gibert, Thouvenin, Tourneyre, Yrondy. Ce fut Yrondy l'heureux vainqueur. Combescot, classé deuxième, est connu des Colombiens pour être l'auteur du buste de L.M.L. Fermé, situé au square Fermé, boulevard Edgar Quinet. Monsieur C. Yrondy réalisa également le monument aux morts de Levallois connu pour les affrontements politiques qu'il généra, celui du XVe arrondissement à Paris et un monument à Neuville Saint-Vaast ("Le Flambeau de la Paix"). Le monument fut inauguré le 29 avril 1923 sous la présidence de monsieur Strauss, ministre de l'hygiène, de l'assistance et de la prévoyance sociale. Lors de la Deuxième Guerre Mondiale, l'occupant allemand qui n'appréciait guère de voir l'Aigle, symbole de sa première défaite, piétiné par notre Poilu le retira et des branchages prirent sa place. Après la guerre, la reconstitution de l'Aigle fut effectuée par un artiste Colombien monsieur A.M. Peche. Ce peintre sculpteur, professeur de dessin aux écoles de Colombes, était une personnalité artistique notoire. Il fut le fondateur de la société des Amis des arts de Colombes en 1933.

Ci-contre : le monument après son inauguration.

Maquette d'Albert Combescot. Elève de Falguiènes et Marqueste, il fut classé deuxième lors du concours pour le monument.

L'Aigle a été remplacé par des branchages sous l'Occupation (d'après photographie d'époque).

IV

Le champ de courses et le stade

Depuis 1883, sous l'égide de la société des courses de Colombes, des réunions hippiques avaient lieu au nord de la commune sur un terrain des bords de Seine. Une délibération du 7 février 1887 nous informe que monsieur Mathieu, directeur de la société des courses de Colombes, demandait la mise en viabilité du chemin de Seine qui permettait l'accès au champ de course. Il lui fut répondu par la municipalité (26 mars 1887) que ce chemin étant sans débouché, la société devait prendre à sa charge les dépenses de viabilité. Depuis l'institution du "Pari mutuel hippique" (ancêtre du P.M.U.), la municipalité recevait une taxe sur les enjeux mais l'afflux de monde dans la commune les jours de course était diversement apprécié des Colombiens. En 1893, la société du Sport de France avait repris le champ de courses.

Les pistes du champ de course. Des courses d'obstacles et des courses plates (handicap) y étaient données du mois de février à novembre. En 1904, leur nombre s'éleva à 22. Au départ de la société pour le Tremblay en 1907, le journal "*Le Matin*" racheta le champ de course et en fit son stade. Si l'inauguration du stade se fit en grandes pompes, peu de changements furent apportés aux structures existantes ; à part l'emblème du journal apposé sur l'ancienne tribune, aucune construction nouvelle n'améliora l'aspect du stade. Ce stade connut un succès notoire jusqu'à ce que la France fût choisie pour recevoir les Jeux Olympiques de 1924. Après de longues polémiques, Colombes fut choisi pour que s'y déroule l'essentiel des épreuves sportives. En effet, le R.C. F. avait mis à disposition du C.O.F. les terrains qu'il possédait depuis l'avant guerre, en s'engageant à porter à 60 000 places la contenance du stade en échange de 50 % des recettes.

Un départ.

Dans le virage ! (Cette carte a circulé en 1903).

Le stade du Matin dont la tribune datait de l'ancien champ de course. L'architecte Faure-Dujarric fut le concepteur du nouveau stade, il réussit le tour de force de trouver la solution financière et architecturale dans le cadre du budget limité qui lui était proposé. Les Jeux y furent ouverts le 5 juillet 1924 par le président de la République Gaston Doumergue, le serment olympique prononcé par l'athlète Géo André.

Les épreuves eurent lieu du 3 mai au 27 juillet. Un total de 45 nations fut représenté, 20 disciplines étaient au programme officiel et 3 092 concurrents participèrent aux Jeux à Colombes, mais aussi dans d'autres sites : Paris, Meulun, Versailles, également au Havre, à Châlons-sur-Marne et à Reims. La boxe française, la canne, la pelote basque et le canoë-kayak furent présentés en démonstration. Il faut se rappeler l'exploit extraordinaire du finlandais Paavo Nurmi qui totalisa cinq médailles d'or à cette olympiade. N'oublions pas non plus le fabuleux nageur qui rafla trois médailles d'or et une de bronze, Johnny Weissmuller - le tarzan légendaire du cinéma. Au classement général final, la France fut deuxième derrière les Etats-Unis.

Le stade prit le nom de Yves du Manoir en 1928 en l'honneur du rugbyman, sportif de haut niveau décédé brutalement. Etant devenu l'un des stades les plus modernes du pays à la suite des Jeux, il recevra, au fil des ans, les plus grandes manifestations sportives, dont chaque année la Coupe de France de Football. La construction du Parc des Princes et d'autres stades modernes mit fin à sa renommée.

Vue d'ensemble du stade olympique.

Vue aérienne du stade olympique ; au premier plan, la piscine qui n'a jamais été utilisée.

Le comte J. Clary, commissaire général et président du Comité exécutif, entouré des membres du C.I.O. et du C.O.F., prononce le discours d'ouverture.

Village olympique. Chaque habitation était munie d'une chambre à trois lits. Des lavabos, des douches, des salles de restaurants avaient été prévus, mais on pouvait également trouver sur le village : bureau de change, kiosque à journaux, service de blanchissage, coiffeur et bureau de poste. Les trois repas journaliers étaient assurés.

L'ancien pavillon des balances fut transformé en buffet pour l'occasion.

Paavo Nurmi l'homme aux 5 médailles d'or : 1500 mètres plat. 1 P. Nurmi (Finl.), 2 W. Scharrer (Suisse), 3 Hb Stalard (G.B.) ; 5000 mètres plat. 1 P. Numi (Finl.), 2 V. Ritola (Finl.), 3 E. Wide (Suède) ; 3000 mètres par équipe 1 Finlande, 2 GB, 3 Etats-Unis ; Cross country par équipe : 1 Finlande, 2 Etats-Unis, 3 France ; Cross country individuel qui se déroula dans les prairies du bord de Seine par une chaleur épouvantable (45° au soleil) - sur 38 partants, il y eut 23 abandons dont quelques sérieuses insolations - cette épreuve fut rayée des Jeux à partir de cette date. Les résultats : 1 P. Nurmi (Finl.), 2 V. Ritola (Finl.), 3 R. Johnson (Etats-Unis).

Au rugby, seulement trois équipes participèrent à l'épreuve celles des Etats-Unis, de la France et de la Roumanie. Des impossibilités financières empêchèrent les équipes d'Afrique du Sud, d'Australie et de la Nouvelle-Zélande d'être représentées. Le 4 mai 1924, la France gagne contre la Roumanie 61 à 3 ; le 11 mai, l'équipe des Etats-Unis marque 37 à 0 contre la Roumanie ; et enfin le 18 mai, les Etats-Unis remportent la victoire face la France avec un score de 17 contre 3. Au classement final : les Etats-Unis, suivis de la France puis de la Roumanie. Cette discipline figurait pour la dernière fois au programme des Jeux.

Marteau. On voit sur cette carte que le gagnant de l'épreuve fut Fd. Tootell (Etats-Unis), avec 53,295 mètres, Mj Mac Grath (Etats-Unis) fut deuxième avec 50,84 et Mc Nokes (Grande-Bretagne) troisième avec 48,875 mètres. Chez les deux français engagés : R. Saint-Pé réalisa 36,27 mètres et P. Zaidin, 36,155 mètres ; ils ne purent se qualifier lors des éliminations.

L'entrée du stade Yves du Manoir.

La tribune et les spectateurs.

Stade Yves du Manoir. Dans les tribunes lors d'une grande rencontre.

V
Administration

L'ancienne mairie et, à droite, le café Moisan. L'ancienne mairie était située au numéro 13 de la rue de Paris (actuelle rue Henri Barbusse), elle y est toujours visible et sert de Maison des Associations. Elle fut construite sur l'emplacement d'une ancienne mairie vers 1846, elle fut surélevée d'un étage à la fin du siècle. Elle s'avéra vite trop exiguë.

L'hôtel de ville peu après son inauguration. Le 14 mai 1911, le conseil municipal décida la construction d'un hôtel de ville. Les travaux étaient à peine commencés que la guerre éclata. Ce n'est qu'à la fin de celle-ci que les travaux reprirent et l'hôtel de ville fut achevé quelques années après. L'inauguration se fit le 2 décembre 1923. Ce bâtiment est l'œuvre des architectes Albert et Paul Leseine. Sa façade est très belle et sa décoration intérieure remarquable.

Arrière de l'hôtel de ville avec le kiosque à musique.

Il existait deux brigades à pied de gendarmes à Colombes. L'une était casernée 125, rue de Paris et l'autre, rue Sartoris, dans le quartier de la Garenne. La première était commandée par un maréchal des logis, la seconde par un brigadier.

Le cimetière communal était situé à l'origine autour de l'église, les sarcophages mérovingiens trouvés lors de l'élargissement de la rue de Verdun l'attestent, ainsi que l'ancienne désignation du vieux passage Galilée, aujourd'hui disparu, qui était dénommé "ruelle du Cimetière". Il fut agrandi en 1866, 1882 et 1893. L'annexe qui est de l'autre côté de la rue de l'Egalité date de 1917. Le nouveau cimetière de la Cerisaie date de 1934. Au fond, face à l'entrée, se trouve le tombeau d'Henri Litolff.

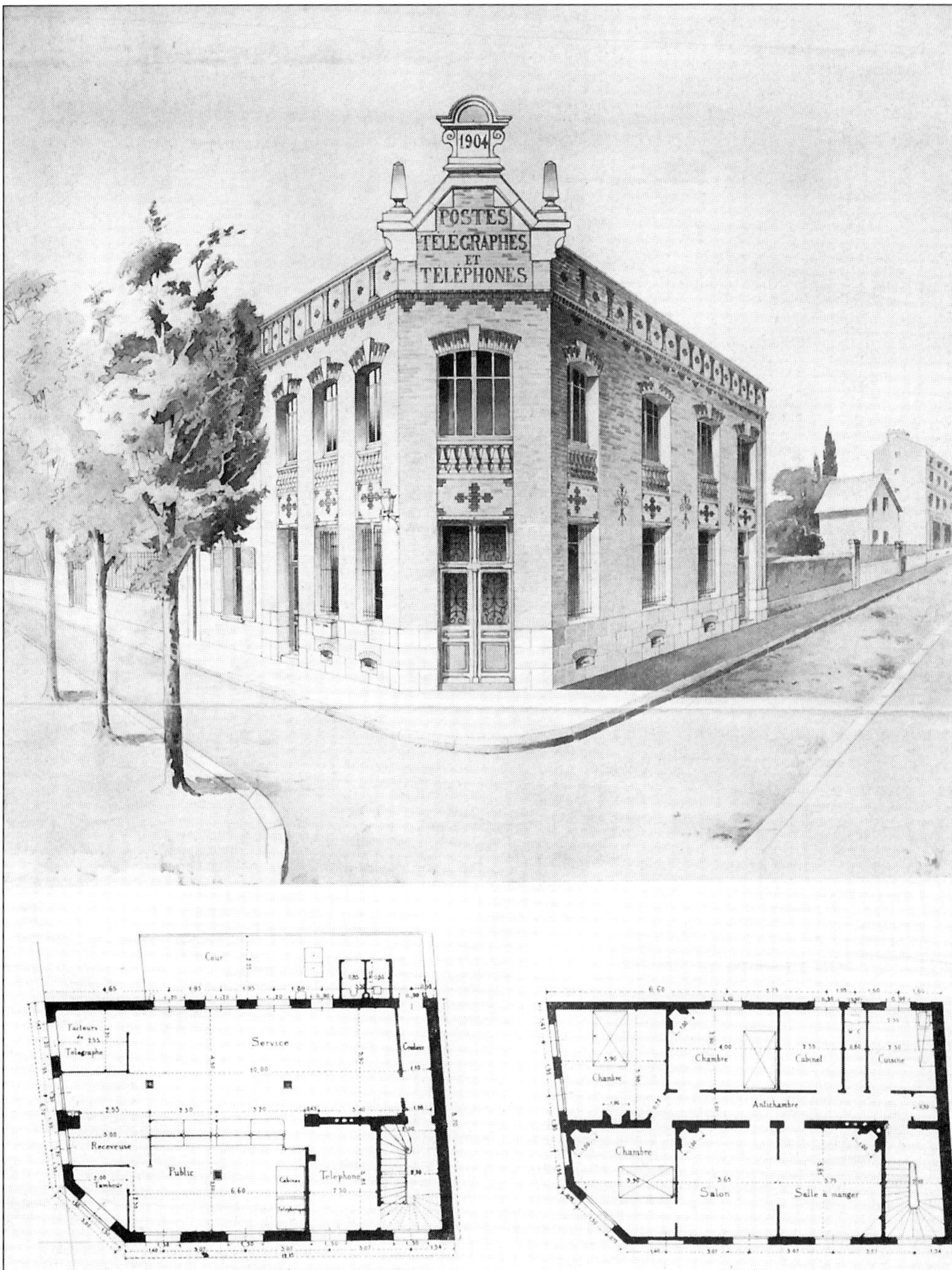

L'hôtel des Postes de Colombes.

Oeuvre de l'architecte Oudinot, la poste de la rue de l'Orme fut ouverte en 1904. C'était une recette simple de l'Etat. Le personnel était composé de 3 dames, 11 facteurs et 4 facteurs télégraphistes. Elle fut remplacée en 1929 par une autre conçue par l'architecte François Le Cœur. Plus vaste, elle était située à l'angle de la rue du Maréchal Joffre et de l'avenue du Maréchal Foch. Ne suffisant plus au besoin, elle fut transférée, fin 1989, rue Julien Galle dans des locaux modernes plus accueillants.

Cette poste fonctionna de 1929 à 1989.

L'octroi communal a été instauré en 1868, mais dès 1864 son besoin de ressources encouragea la commune à prendre en considération cette institution. Aux limites de la commune, on dénombrait 10 bureaux d'octroi ; il s'agissait pour la plupart de bâtiments loués ou parfois de bâtiments démontables installés sur un terrain loué. Cette administration était placée sous la direction du maire et sous la surveillance des contributions indirectes. Le personnel de l'octroi était composé d'un préposé en chef, un brigadier, un surveillant receveur central, dix receveurs, quatre surveillants et cinq surveillants auxiliaires. Si cette administration était une source de revenus non négligeable pour la commune, elle était très mal appréciée de la population. L'octroi ci-dessus - dit de Gennevilliers - était situé aux 4 Routes.

L'octroi dit de Nanterre se trouvait aux Quatre-Chemins.

L'octroi de l'embranchement fut installé au pont de la Puce en 1910, après séparation de la Garenne.

L'octroi du pont de la Puce.

L'octroi de Charlebourg était situé à la sortie de la gare des marchandises de la Garenne-Bezons, il fut installé en 1887, le terrain avait été mis à la disposition de la commune par la compagnie de l'Ouest.

L'octroi dit du Pont était situé rue Paul Bert, face à l'usine des eaux.

VI
Les écoles

L'école Henri Martin, rue de Nanterre (actuelle rue Gabriel Peri). Au début du siècle, Colombes comptait cinq groupes scolaires : le groupe du Centre, situé rue des Monts Clairs et Lazare Carnot, ouvert en 1890. Il comprenait 8 classes de garçons, 7 de filles, une maternelle et une classe enfantine (dans ce groupe, la municipalité avait établi un stand de tir où les élèves s'entraînaient tous les jeudis) ; le groupe de la rue de l'Aigle, dans le quartier de la Garenne, qui comptait 10 classes de garçons, 8 de filles et 3 de maternelles ; l'école mixte, boulevard du Havre au Petit-Colombes, qui comprenait 1 classe enfantine et 2 primaires ; et 3 nouveaux groupes ouverts en 1905, celui des Champarons, celui de la rue de Nanterre et celui de la rue Roussel à la Garenne.

Devant l'école communale de la rue des Champarons, baptisée ensuite "Victor Hugo". En effet, le 20 août 1906, un décret présidentiel du président Fallières donna les dénominations suivantes aux écoles : Lazare Carnot pour le groupe du Centre ; Victor Hugo pour celui des Champarons ; Henri Martin pour celui situé rue de Nanterre ; Ernest Renan pour celui situé rue Roussel ; et enfin, Voltaire pour celui situé rue de l'Aigle et rue Sartoris. La commune avait pris à sa charge l'enseignement du chant et du dessin en réglant le traitement de ces deux professeurs. De nombreuses autres écoles sont apparues depuis à Colombes mais à part l'école du Petit-Colombes qui a disparu, ces premières écoles continuent d'accueillir les jeunes Colombiens.

Groupe d'instituteurs à l'école Victor Hugo en 1941.

Ecole Lazare Carnot : d'un côté les filles...

... de l'autre les garçons.

La maternelle du Petit-Colombes

Sortie de classe à l'école du Petit-Colombes.

VII
Les institutions

L'institution de madame Revet se trouvait au 62, avenue de Gennevilliers. Cette école de garçons comprenait deux classes et recevait 21 élèves en 1903. Par la suite, elle laissa place au cours Sévigné qui existait encore dans les années 1960. Au début du siècle, Colombes comptait 6 écoles privées laïques de garçons, 5 de filles, 1 école congréganiste de garçons et 1 de filles. Ces 13 institutions recevaient environ 1 200 élèves.

L'extérieur de l'institution Saint-Sébastien. Cet internat de garçons, situé boulevard Valmy, fut fondé en 1883 par l'abbé Gueneau, curé de Colombes. En 1887, 100 élèves y furent instruits et 140 en 1902. En 1901, l'école dut se conformer à la loi de la laïcisation. Elle fut acquise en 1910 par monsieur Malige pour la somme de 10 000 francs et fonctionna jusqu'en 1952, date à laquelle elle fut rachetée par monsieur Dumont. Elle s'arrêta de fonctionner quelques années après.

Groupe d'élèves à l'institution Saint-Sébastien.

L'institution Sévigné, école laïque de filles, était située 18, rue de l'Aigle dans le quartier de la Garenne. Madame Smachtens la dirigeait. Comme nous le montre la carte postale d'époque, l'institution était installée dans un parc magnifique.

ÉCOLE SÉVIGNÉ

Directrice : Madame Veuve Smachtens

Médailles de Bronze et d'Argent

Pensionnat
Demi-Pension
Externat

INSTITUTION DE DEMOISELLES

18, Rue de l'Aigle, - La Garenne-Colombes - 18, Rue de l'Aigle

L'institution laïque Tunis était réservée aux garçons ; elle était située 18 bis, rue de l'Indépendance. Elle fut dirigée au départ par monsieur Tunis et ensuite par sa fille. Elle comptait deux classes primaires au début du siècle ; en 1903, elle reçut 45 élèves. Elle existait toujours en 1965.

La récréation à l'institution Tunis.

Groupe d'élèves à l'institution Tunis.

L'institution Guillot. La rue Guillot nous rappelle le souvenir de cette institution qui dispensait un enseignement secondaire et qui fut créée par Albert Nicolas Guillot, plusieurs fois conseiller municipal et maire de 1871 à 1874. Cette institution laïque était située 66, rue Saint-Denis. En 1903, elle reçut 94 élèves. La veuve de A.N. Guillot avait facilité le percement d'une voie publique reliant la rue Saint-Denis à la rue Labouret en cédant gratuitement à la commune le terrain nécessaire ; son seul souhait... que cette voie porte le nom de son mari.

L'institution Maintenon, aujourd'hui école publique, était une institution de filles. Elle comptait 94 élèves pour 4 classes en 1903. C'est dans les années 1930 qu'elle devint cours complémentaire. Partiellement détruit lors d'un bombardement en 1942, celui-ci fut reconstruit en 1953.

Une partie de croquet pour se détendre à l'institution Maintenon.

A l'angle de la rue Thomas d'Orléans et du boulevard de Valmy. L'entrée de l'institution Jeanne d'Arc. Cette institution catholique fonctionnait déjà au siècle dernier. Au début du siècle, on y comptait environ 400 élèves. Elle ferma ses portes en 1901 lors des lois de laïcisation. Après sécularisation, elle les rouvrit et continua son fonctionnement. De 1914 à 1916, lors de la Première Guerre mondiale, elle servit d'hôpital auxiliaire. Cette école de filles est devenue mixte en 1982 et fonctionne toujours, elle recevait 1350 élèves en 1992.

Le réfectoire à l'institution Jeanne d'Arc.

La cour d'entrée à l'institution Jeanne d'Arc.

Hôpital auxiliaire. Sur l'initiative de l'Association des dames françaises, cet hôpital fut ouvert et fonctionna pendant deux ans (1914-16) dans les locaux de l'institution Jeanne d'Arc. Il comptait 60 lits et était dirigé par le docteur Bonnecaze.

VIII
Personnalités

De nombreuses célébrités du monde des arts, du sport, de la science et de la politique ont honoré Colombes de leur présence. L'auteur s'est limité à évoquer dans ces pages celles pour lesquelles il possédait une documentation. L'ingénieur-constructeur Roze, dont on sait peu de choses, habitait, au début du siècle, avec sa femme et ses deux filles. Villa de la Reine Henriette et avait son hangar à dirigeable boulevard Valmy. Une série de cartes postales de l'époque, éditée par lui, invitait le public à visiter son curieux dirigeable à deux enveloppes dont on ignore s'il a volé un jour.

Le dirigeable sur le terrain du boulevard Valmy.

Théodule Ribot (1823-91) : *Autoportrait à l'eau forte* - Collection du musée de Colombes. Ce peintre français né à Saint-Nicolas d'Attez dans l'Eure représente un cas curieux de symbiose entre le genre académique et le réalisme de Courbet. Ses tableaux sombres sont très inspirés de Ribera et de Velasquez. C'était aussi un aquafortiste remarquable. Il habitait Argenteuil, lorsqu'il vint s'installer à Colombes en 1871 où il résida jusqu'à sa mort. Une rétrospective de l'œuvre gravée de l'artiste a eu lieu au musée de la ville à l'occasion du centenaire de sa mort mais Colombes l'avait déjà honoré en 1934 par une rétrospective de ses œuvres, lors de la deuxième exposition organisée par la société des Amis des arts de Colombes. Le 15 septembre 1891, quatre jours après sa mort, le conseil municipal décida de lui rendre hommage en donnant son nom à la nouvelle voie créée entre la rue Hoche et l'avenue de Gennevilliers.

Cabaret normand (exposition universelle de 1878)-Théodule Ribot.

Eugène Turpin (1848-1927) faisait ses recherches dans ce curieux bâtiment. Après s'être fait connaître par la découverte de couleurs inoffensives en 1877, ce qui lui valut le prix Montyon, Eugène Turpin étudia les explosifs. Ses essais menés, avec une grande rigueur scientifique aboutirent à la création de la mélinite en 1885. Cette poudre de guerre stable et sure permit la création de canons à tir rapide. Auparavant on ne connaissait d'autres explosifs que la poudre noire, la dynamite et le fulmi-coton (ce dernier explosif particulièrement instable fut cause de plusieurs accidents mortels).

Eugène Turpin dans son laboratoire.

Eugène Turpin demeurait 14, rue Hoche et avait son laboratoire au 18, rue Menelotte dans un des bâtiments où fonctionnait la parfumerie dirigée par messieurs Jacques et Pierre Guerlain. Croyant que son invention avait été livrée à l'étranger, il dénonça cette trahison dans son ouvrage : "*Comment on a vendu la mélinite*", ce qui lui valut d'être condamné pour avoir divulgué des documents touchant à la défense nationale (1889). Plus tard, il fut reconnu innocent et reçut 100 000 F de dommages et intérêts. En 1925, l'état lui versa une rente annuelle de 25 000 F. Il se retira et finit ses jours à Pontoise. Une rue en angle reliant la rue Menelotte à la rue Guerlain porte son nom.

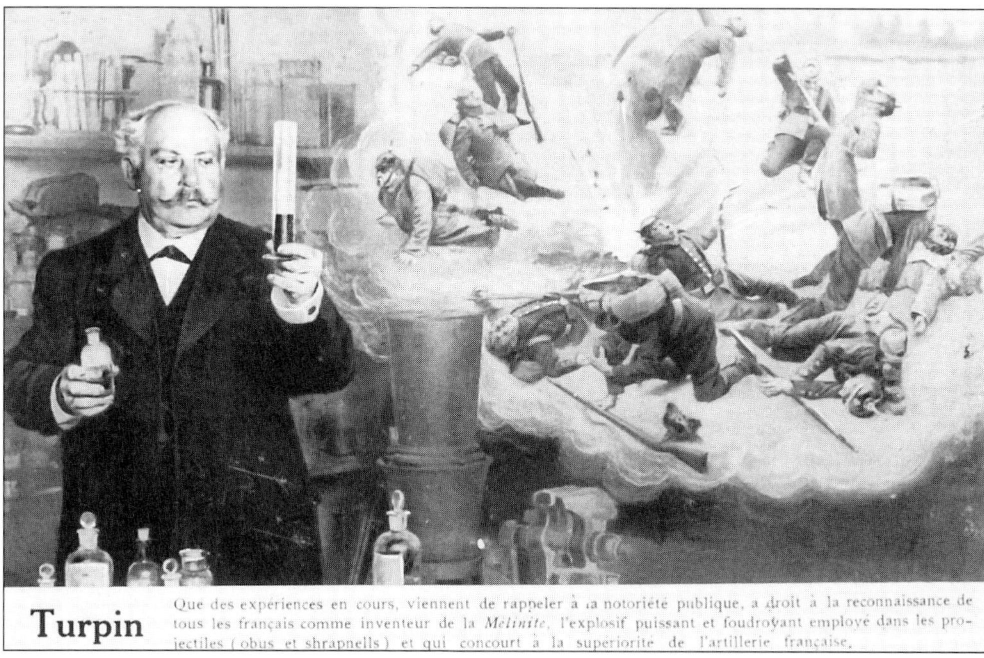

Turpin Que des expériences en cours, viennent de rappeler à la notoriété publique, a droit à la reconnaissance de tous les français comme inventeur de la *Mélinite*, l'explosif puissant et foudroyant employé dans les projectiles (obus et shrapnells) et qui concourt à la supériorité de l'artillerie française.

François Faber (1887-1915), né en France de père luxembourgeois, démarra dans la vie comme docker ; il déchargeait le sable aux quais de Courbevoie. Ce travail se faisant irrégulièrement suivant les arrivages de péniches, il apprit entre temps à monter à vélo et démarra tout simplement la compétition par le Tour de France ! C'est là qu'il fut remarqué par Alphonse Bauge qui, appréciant son aisance et sa puissance, le prit dans l'équipe qu'il dirigeait. Il habitait Colombes dans la rue de Seine. Surnommé le "Géant de Colombes" il était fort populaire et son palmarès est éloquent. Si sa technique de course n'équivalait pas celle d'un Lapize ou d'un Petit-Breton, il la compensait par une force et une puissance étonnante. Ses exploits sportifs ont défrayé la presse de l'époque. Par exemple, lors du Tour de France 1910, à l'étape de Lyon, à quelques kilomètres de l'arrivée, il cassa sa chaîne. Dans l'impossibilité de réparer sur place, il termina en courant avec la bicyclette dans une main et la chaîne dans l'autre ; ayant perdu un soulier en route, il passa la ligne d'arrivée pied-nu sous les ovations des Lyonnais. On parla longtemps aussi de cette poursuite de 240 kilomètres, seul derrière le peloton suite à une crevaison, où il termina l'étape deuxième. Même sans gagner, il déclenchait l'enthousiasme. Ce n'était pas simplement un sportif dont la réputation s'appuyait sur des exploits physiques, ses qualités morales étaient notoires. Il ne manquait pas d'esprit ; en 1913, au Luxembourg, il fit une conférence pleine d'humour devant une assistance qui comprenait un ministre d'Etat. Lorsque la guerre arriva, étant luxembourgeois par son père, il n'était pas astreint à combattre mais il s'engagea dès les premières heures du conflit dans la légion étrangère. Il fut tué dans les premiers mois de la guerre en mai 1915 près d'Arras. Il a laissé le souvenir d'un très grand champion. En 1924, le conseil municipal lui a rendu hommage en donnant son nom à la rue de Seine où il avait habité. Ci-dessus, on découvre François Faber parmi des champions de l'époque.

Les grandes marques de cycles s'attachaient déjà les services des champions.

François Faber au café de l'Usine avec un groupe d'amis. Ce café proche de l'usine des eaux était situé à l'angle de la rue de Seine et du boulevard d'Acheres (actuelle rue François Faber et avenue Kléber).

Deuxième du tour de France en 1910. Son Palmarès : 1908, vainqueur du Tour de Lombardie, troisième de Paris/ Roubaix, deuxième Tour de France, troisième de Paris/ Tours ; 1909, vainqueur du Tour de France, vainqueur de Paris/ Tours, vainqueur de Paris/ Bruxelles ; 1910, vainqueur de Paris/ Tours, deuxième Tour de France ; 1911, vainqueur de Bordeaux/ Paris, deuxième de Paris/ Bruxelles ; l'année 1912 ne lui fut pas favorable puisque l'on ne voit son nom figurer nulle part ; 1913, vainqueur de Paris/ Roubaix, cinquième au Tour de Belgique.

Alexandre Mathurin Pêche, peintre et sculpteur né en 1872, fut l'élève de Millet, Moreau-Vauthier, Gautier et de l'atelier Thomas à l'école des beaux-arts. Il se fit apprécier comme statuaire aux salons des Artistes Français où il exposa en 1890. Il fut reçu membre de la société des Artistes français dès 1904. Parmi ses nombreuses œuvres, on peut retenir de lui : *Vialla* (1895) ; *Phèdre* (1903), qui obtint une mention honorable ; *Résignation* (1906), un marbre qui appartenait au musée Galliera et qui lui valut une médaille de troisième classe ; *Newton* et le buste de Moissan, deux oeuvres commandées par l'Etat (1907) ; le buste de l'architecte Gabriel, commande de la ville de Paris (1908) ; *Silène et les Bacchantes* (1912), groupe en pierre acquis par le conseil général de la Seine et que l'on peut toujours admirer dans les jardins de l'hôtel de ville de Levallois. Citons encore les bustes de Blériot, Aristide Briand etc.. S'il était avant tout statuaire, l'artiste était aussi un peintre de talent et un éminent pastelliste. Personnalité artistique notoire de Colombes, il fut l'un des membres fondateurs de la société des Amis des arts de Colombes en 1933. Professeur de dessin dans les écoles de Colombes, il était officier d'Académie (1904) et officier de l'Instruction publique (1912). Il résida à Colombes jusqu'en 1957 dans le quartier des Vallées.

Oeuvre présentée en 1904 au salon des Artistes français.

Portrait de la Reine Henriette par Van Dick. Troisième fille de Henri IV, Henriette, Marie de France (1609-69) épousa en 1625 le prince de Galles qui devint roi d'Angleterre sous le nom de Charles 1er. Celui-ci fut exécuté lors de la prise du pouvoir par Cromwell. Obligée de se réfugier en France, la reine Henriette acheta le château de Colombes en 1657. Dès 1665, elle ne quitta plus Colombes où elle décéda en 1669 victime d'une affection pulmonaire et d'un médecin qui força la dose sur les grains d'opium. Son souvenir est resté très vivace à Colombes. En 1818, la rue Barbot prenait le nom de Reine Henriette. Il y a peu de temps il existait un lotissement dénommé "Villa de la Reine Henriette" et une habitation imposante, située rue de la Reine Henriette, portait le nom de "Castel de la Reine Henriette".

Ce lotissement de plusieurs pavillons datant du début du siècle portait le nom de villa de la Reine Henriette.

Henri Litolff (1818-91), musicien anglais de père français, fut un pianiste virtuose, chef d'orchestre il dirigea à Varsovie. Il écrivit des concertos, des pièces pour piano et des opéras : les Girondins, Robespierre, la fiancée du Roi de Garbe, la Mandragore etc... A Colombes, il habitait au n° 8 de l'avenue Centrale, aujourd'hui territoire de Bois-Colombes. Les 12 et 16 août 1900, les conseils municipaux de Bois-Colombes et Colombes décidèrent de donner son nom à la rue Denis Boucher, mitoyenne entre les deux communes. Son tombeau qui se trouve au vieux cimetière de Colombes est l'œuvre du sculpteur L. Pallez et de l'architecte A. Julien. Il fut inauguré le 11 juillet 1900. A cette occasion, le conseil municipal vota une somme de 166,85 F pour un lunch.

La rue Henri Litolff, à l'angle de la rue Félix Faure.

Imp. Pi

PARIS-MADRID, 21 Mai 1911 — Védrines au départ d'Issy fait son plein d'AUTOMOBILINE

Né dans une famille ouvrière en 1881, Jules Vedrines résida quelque temps rue Julien Gallé à Colombes. Il débuta dans la vie professionnelle comme metteur au point à l'usine Gnôme (actuelle S.N.E.C.M.A. Gennevilliers). Il passa son brevet de pilote le 5 décembre 1910 et débuta sa nouvelle carrière par un raid de 250 km, le 27 janvier 1911. Jeune pilote, il gagna la course Paris-Madrid, soit 1 200 km en 14 heures et 5 minutes de vol effectif sur un monoplan Morane équipé d'un moteur Gnôme de 50 CV. Sa carrière est émaillée d'exploits remarquables, mais il fut parfois victime d'accidents. En 1912, en tentant Bruxelles/ Madrid, il fit une chute grave sur une voie ferrée proche d'Epinay. Pendant la guerre, ses talents furent mis à contribution et il opéra plusieurs missions derrière les lignes ennemies. Après la guerre, le 14 janvier 1919, il réussit l'exploit insensé de se poser sur le toit des Galeries Lafayette (28 mètres de long). Il se tua avec son mécanicien lors du raid Paris/ Rome, le 21 avril 1919. C'est au départ de la course illustrée ci-dessus que se produisit l'accident qui coûta la vie au ministre de la Guerre, Maurice Berteaux. L'aviateur Train qui venait de décoller ayant des ennuis de moteur voulut atterrir et pour éviter un peloton de cuirassiers piqua du nez, un morceau de l'hélice brisée fut projeté et arracha le bras du ministre qui mourut peu de temps après.

IX
L'industrie

La gare de marchandises. En ce début de siècle, malgré la proximité de Paris, les nombreux terrains inoccupés et les trois gares qui desservaient la commune, les industriels rechignaient à s'installer à Colombes, et, plutôt que de s'établir sur les bords de la Seine comme cela était fréquent dans les autres communes, ils s'implantaient au sud dans le quartier de la Garenne. Cela s'explique en partie par l'absence de port sur la Seine et la présence à la Garenne d'une gare de marchandises reliée avec la ligne du nord.

La société Desmarais Frères, située au 361 de la rue d'Estienne d'Orves (ancienne rue de Rueil prolongée), fut fondée en 1861 ou 1863 par les frères Charles et Henri Desmarais ; elle commercialise les produits de raffinage du pétrole dont, entre autres, l'oriflamme - un pétrole d'éclairage et de chauffage - et l'automobiline - un carburant réputé, bien connu des automobilistes et des amateurs de sports mécaniques. Elle subit des dégâts très importants pendant la dernière guerre mais, après avoir rétabli complètement son potentiel industriel, elle sut s'adapter à la distribution moderne. Elle commença à commercialiser ses produits sous l'emblème : Etoile bleue - Azur. Elle existait encore dans les années 1965.

Le service de livraison prêt à livrer l'automobile aux détaillants - Usines Desmarais.

Carte publicitaire de 1904 éditée par Desmarais frères, vantant les mérites de l'automobiline.

Cet épicier de Colombes vendait aussi le pétrole oriflamme ; c'est maintenant un café bar qui occupe cet emplacement.

L'entreprise J.B. Goodrich s'installa en France à Colombes en 1910, dans les premières décennies d'existence du pneumatique. Située dans le bas du boulevard Valmy, son évolution fut spectaculaire. Les 200 ouvriers du début étaient passés à 3 400 en 1965. L'usine fabriquait tous les types de pneumatiques et de chambres à air pour l'automobile, l'aviation et l'agriculture. Sa gamme comprenait plus de 300 dimensions et types différents. Durement éprouvée durant la dernière guerre, elle fut bombardée à plusieurs reprises et détruites à 50 %. Elle fut reconstruite en un temps record. En 1947, l'entreprise prit le nom de Kléber - Colombes, Kléber parce que les bureaux de la direction générale et les services commerciaux étaient installés dans cette avenue à Paris et celui de notre ville parce qu'elle accueillait l'usine principale du groupe. Après 73 années d'activités dans notre commune, l'usine ferma ses portes en 1983.

Publicité Goodrich, 1921 (illustration Roch).

Située rue du Château dans le quartier de la Garenne, l'usine Lombardini fabriquait de savoureux biscuits. Au début du siècle, elle employait 30 travailleurs (moitié hommes, moitié femmes).

Les blanchisseries de Courcelles. A une époque ou les possibilités de lessive étaient restreintes dans les appartements parisiens et de banlieue, et, ou la qualité du linge était signe de notoriété dans les familles bourgeoises, les blanchisseries étaient nombreuses et avaient une clientèle fournie.

L'usine électrique.

La maison rustique.

Abri de jardin Levanneur.

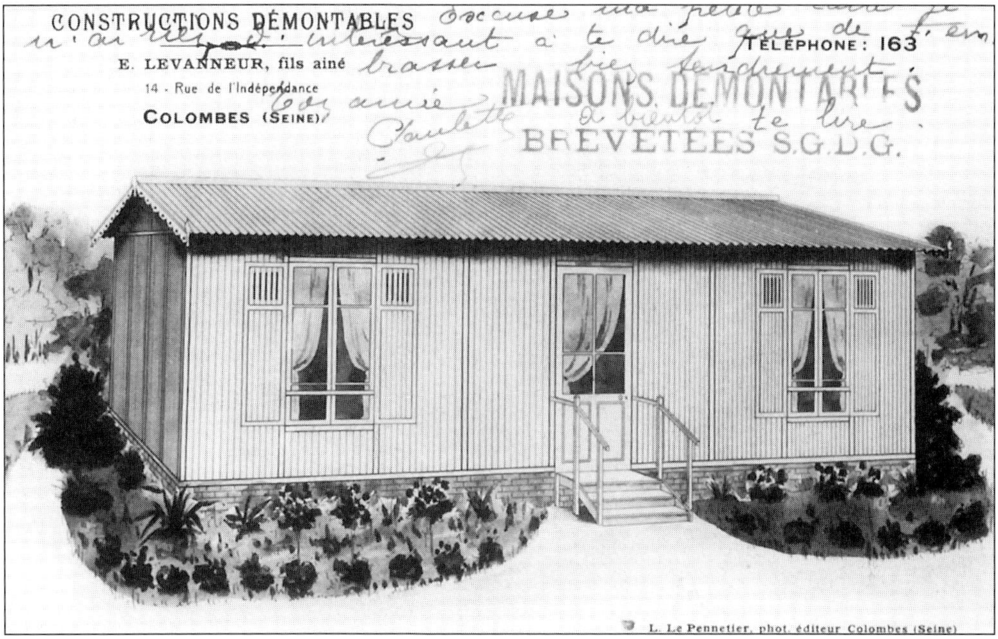

Les établissements Levanneur fils aîné, avec leurs fabrications ciblées sur matériel ou mobilier de jardin et maisons démontables, devaient avoir de nombreux débouchés à cette époque où les jardins et petites propriétés foisonnaient à Colombes et dans les communes avoisinantes.

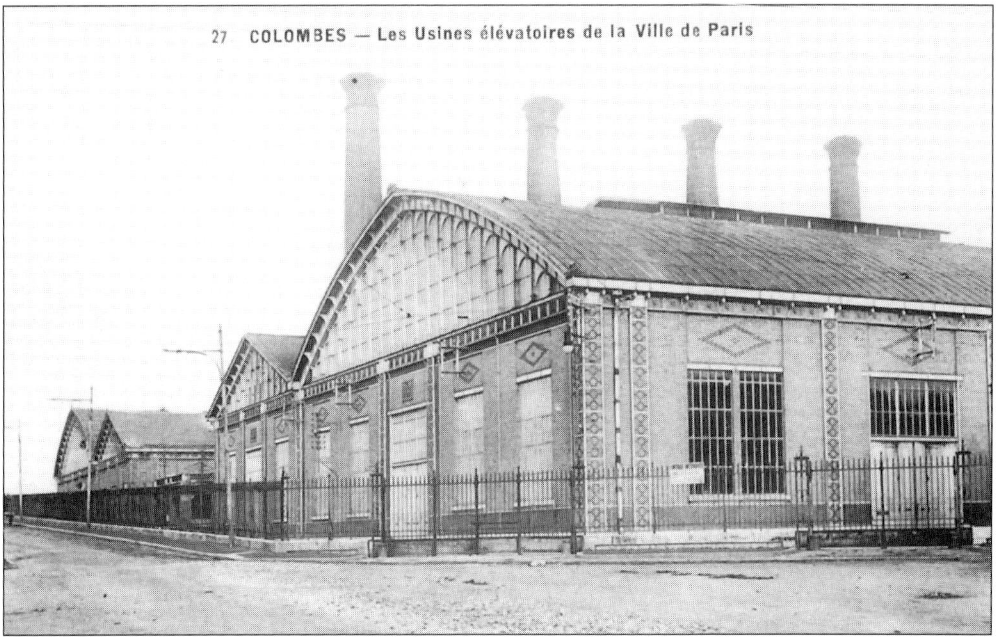

L'usine des eaux et la montée du pont. L'ensemble que constitue l'usine des eaux et le pont aqueduc fut inauguré en 1895. L'usine des eaux était chargée de propulser les eaux usées arrivant de la capitale sur les hauteurs d'Argenteuil, d'où par gravite, elles redescendaient sur les champs d'épandage d'Achères. Elles passaient la Seine par le pont aqueduc qui fut dénommé "pont de Colombes" lors d'une délibération municipale du 22 décembre 1898 ; mais pour les Colombiens, il a toujours été le pont Neuf ou le pont des Eaux.

L'intérieur de l'usine.

Sur le pont.

Munis d'un panier, les enfants "glanent" le charbon que les déchargeurs ont laissé échapper.

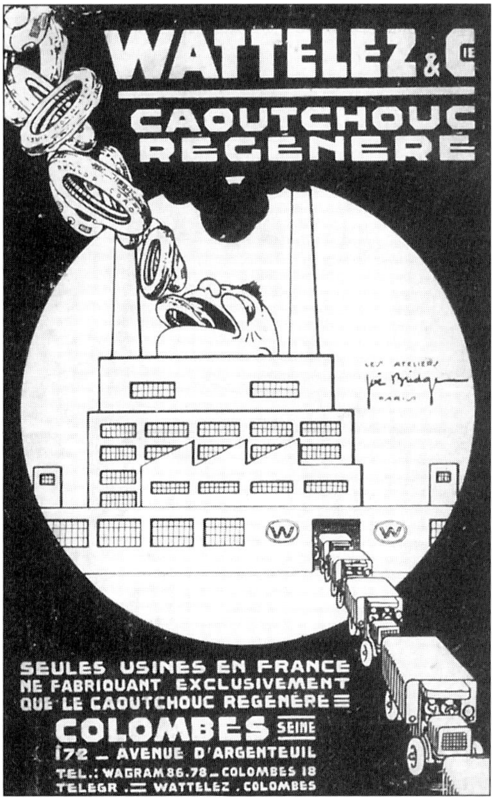

Usine Wattelez. Après enquête sur la possibilité d'implantation d'une usine de caoutchouc au lieu dit Le Petit Gennevilliers, au numéro 400 de l'avenue d'Argenteuil (actuelle avenue de Stalingrad), le conseil municipal du 8 septembre 1897 déclara que "par ses nuisances une industrie de ce genre serait préjudiciable à l'essor du quartier", et pria le préfet de refuser l'autorisation à monsieur Wattelez. L'usine s'installa quand même. L'essentiel de sa production concernait le recyclage des pneus Kléber. Les habitants du quartier se souviennent de l'odeur désagréable et de l'épaisse fumée se dégageant de la cheminée. Les Colombiens ont également le souvenir d'incendies du stock de pneus, de l'épaisse fumée noire obscurcissant le ciel et visible des communes environnantes. Elle employa jusqu'à 700 ouvriers. Son activité s'arrêta avec le départ de Kléber-Colombes.

Sa situation à proximité de la Seine valut à l'usine Wattelez de lourds dégâts pendant la crue de 1910.

X

Le commerce

Marché de la Garenne. Si le commerce de gros est peu présent à Colombes, le commerce de détail est un peu mieux représenté, mais très localisé dans certains quartiers, tels que la rue Saint-Denis, la place de l'Eglise, les rues de Nanterre et de Verdun, le boulevard du Havre au Petit Colombes et le rond-point du Centre, la place de la Liberté et la rue Voltaire à la Garenne. Quant aux marchés, il en existait deux couverts à Colombes ; ils furent ouverts le 8 septembre 1879. L'un était situé place de la République pour le centre et regroupait 89 marchands, il se tenait le jeudi et le dimanche. L'autre, celui de la Garenne, situé place de la Liberté (où il y est toujours) comptait 135 marchands, il ouvrait le mercredi et le samedi. Ces deux marchés avaient été élevés aux frais de monsieur Ancillon (entrepreneur de marchés) qui recevait une redevance annuelle de 33 500 F.

Le marché du Centre.

Après la disparition du marché couvert, le marché émigra derrière l'hôtel de ville.

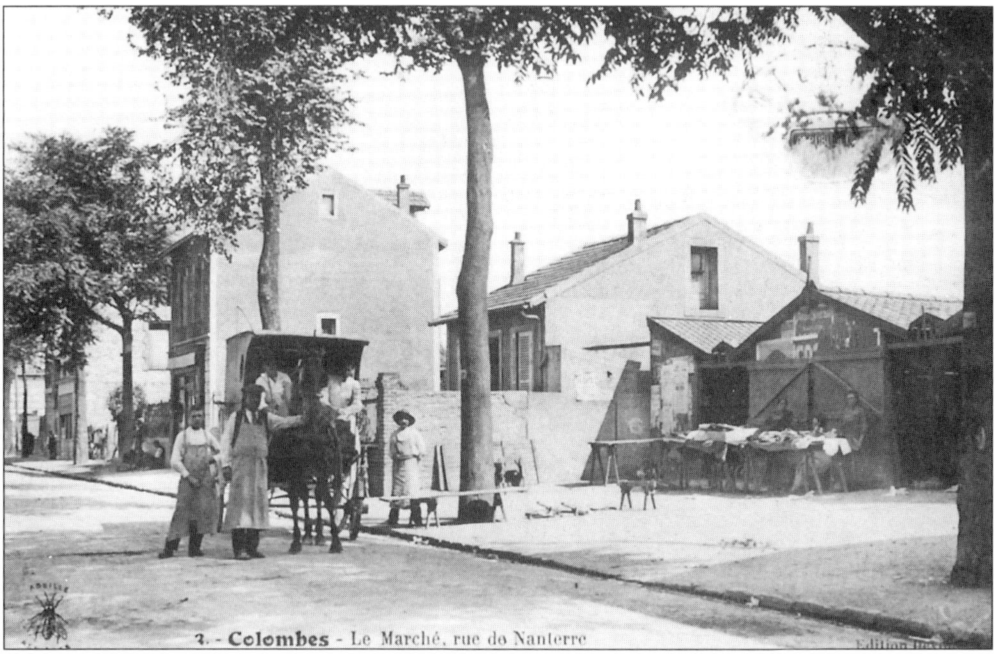

Le marché du Petit Colombes fut ouvert en 1906, suite à l'action du conseiller municipal Gleuzer. Il ouvrait le mardi et le vendredi.

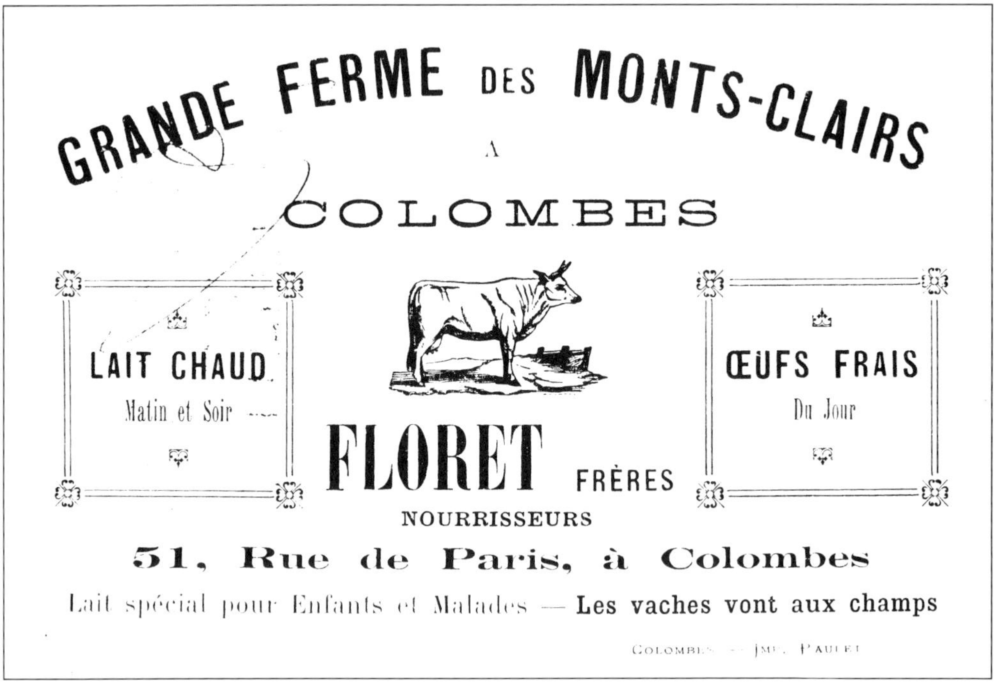

A cette époque, il y avait encore quelques fermes à Colombes, chez celle des Monts-Clairs dirigée par les frères Floret, on pouvait trouver des œufs du jour et du lait frais matin et soir. Les propriétaires garantissaient à leur clientèle que les vaches allaient aux champs.

L'épicerie du pont de la Puce a été remplacée par un café, on a ensuite assisté à une succession de restaurants exotiques.

Le dimanche après avoir déjeuné au restaurant du Drapeau...

... on pouvait aller danser au Chalet du Cycle.

Ce "figaro", à l'enseigne américanisée, exerçait au numéro 137 du bd du Havre.

Ce "professeur libre" qui exerçait dans le quartier de la Garenne assurait comme l'indiquait sa carte publicitaire une guérison de toutes maladies...

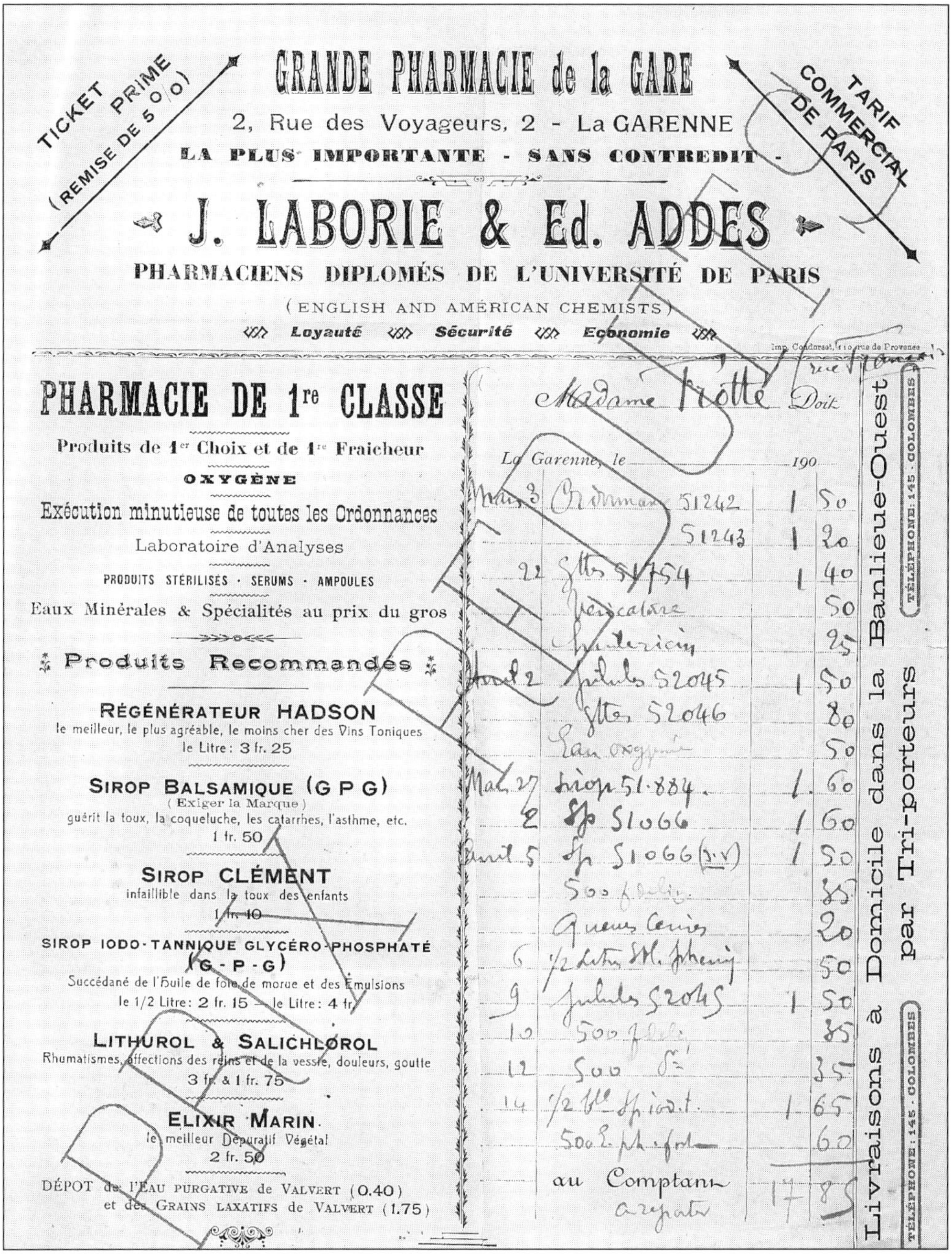

TICKET PRIME (REMISE DE 5 0/0)

TARIF COMMERCIAL DE PARIS

GRANDE PHARMACIE de la GARE

2, Rue des Voyageurs, 2 - La GARENNE

LA PLUS IMPORTANTE - SANS CONTREDIT -

J. LABORIE & Ed. ADDES

PHARMACIENS DIPLOMÉS DE L'UNIVERSITÉ DE PARIS

(ENGLISH AND AMERICAN CHEMISTS)

Loyauté — Sécurité — Economie

PHARMACIE DE 1re CLASSE

Produits de 1er Choix et de 1re Fraicheur

OXYGÈNE

Exécution minutieuse de toutes les Ordonnances

Laboratoire d'Analyses

PRODUITS STÉRILISÉS · SERUMS · AMPOULES

Eaux Minérales & Spécialités au prix du gros

Produits Recommandés

RÉGÉNÉRATEUR HADSON
le meilleur, le plus agréable, le moins cher des Vins Toniques
le Litre : 3 fr. 25

SIROP BALSAMIQUE (G P G)
(Exiger la Marque)
guérit la toux, la coqueluche, les catarrhes, l'asthme, etc.
1 fr. 50

SIROP CLÉMENT
infaillible dans la toux des enfants
1 fr. 40

SIROP IODO-TANNIQUE GLYCÉRO-PHOSPHATÉ
(G-P-G)
Succédané de l'Huile de foie de morue et des Émulsions
le 1/2 Litre : 2 fr. 15 — le Litre : 4 fr.

LITHUROL & SALICHLOROL
Rhumatismes, affections des reins et de la vessie, douleurs, goutte
3 fr. & 1 fr. 75

ELIXIR MARIN
le meilleur Dépuratif Végétal
2 fr. 50

DÉPOT de l'EAU PURGATIVE de VALVERT (0.40)
et des GRAINS LAXATIFS de VALVERT (1.75)

Madame Trotte Doit

La Garenne, le .... 190..

Livraisons à Domicile dans la Banlieue-Ouest par Tri-porteurs

TÉLÉPHONE : 145 · COLOMBES

Ce pharmacien livrait à domicile par triporteurs.

Le quartier des Vallées a toujours été très commerçant.

Fabrique de chapeaux - Place Galilée.

La présence d'un tonnelier dans la rue Saint-Denis témoigne d'une activité agricole encore présente.

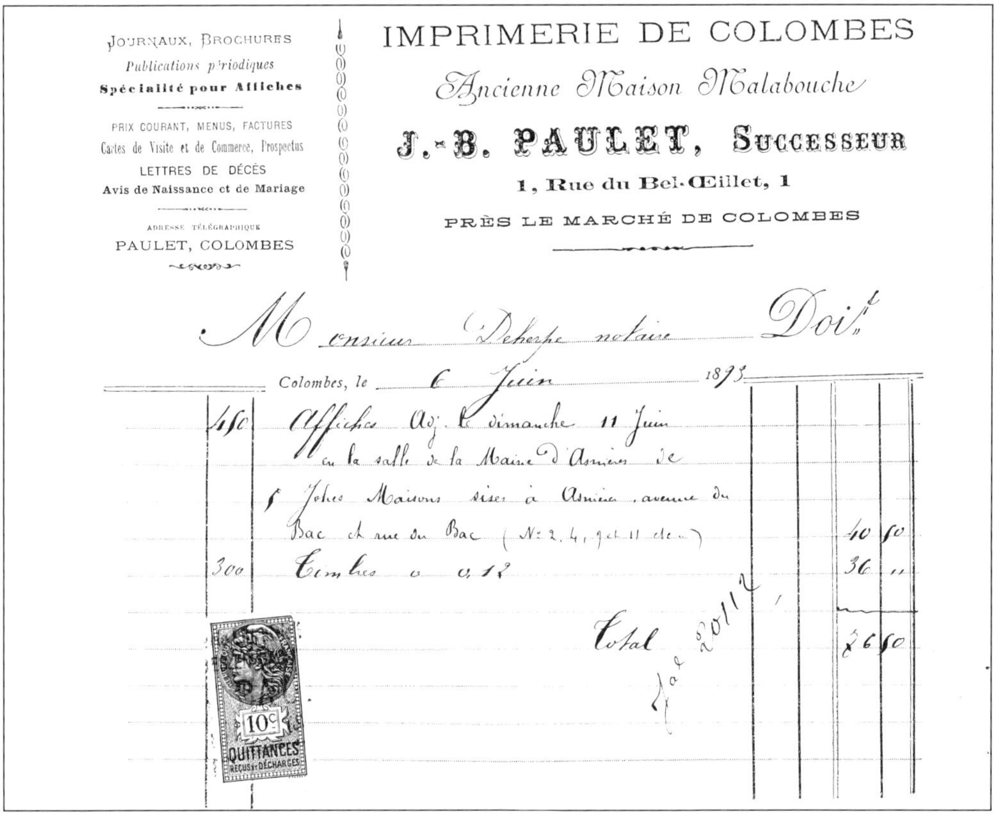

JOURNAUX, BROCHURES
Publications périodiques
Spécialité pour Affiches

PRIX COURANT, MENUS, FACTURES
Cartes de Visite et de Commerce, Prospectus
LETTRES DE DÉCÈS
Avis de Naissance et de Mariage

ADRESSE TÉLÉGRAPHIQUE
PAULET, COLOMBES

IMPRIMERIE DE COLOMBES
Ancienne Maison Malabouche
J.-B. PAULET, SUCCESSEUR
1, Rue du Bel-Œillet, 1
PRÈS LE MARCHÉ DE COLOMBES

Monsieur Deherpe notaire Doit

Colombes, le 6 Juin 1893

450	Affiches Adj. le dimanche 11 Juin en la salle de la Mairie d'Asnières de 5 Jolies Maisons sises à Asnières, avenue du Bac et rue du Bac (N° 2, 4, 9 et 11 etc.)	40 50
300	Timbres à 0,12	36 ,,
	Total	76 50

10c
QUITTANCES
REÇUS ET DÉCHARGES

La rue du Bel-Oeillet est l'actuelle rue Casimir Vincent.

Carte Postale

Tous les pays étrangers n'acceptent pas la correspondance au recto. *(Se renseigner à la poste)*

CORRESPONDANCE

L'IMPRIMERIE PARISIENNE

2, Rue du Bournard, à Colombes

fait vite & bien, à prix modérés

tous les IMPRIMÉS pour

le commerce

Demandez les prix et les modèles

TÉLÉPHONE : 451

ADRESSE

Circulaires
Factures
Programmes
Prospectus
Mémoires

Lettres
de Mariage
Lettres
de Décès
en 1 heure

Imprimerie Parisienne.

A l'heure de l'absinthe au café du Pont de la Puce.

Chez Marret au café de la Mairie, il fait bon se rafraîchir à la terrasse (comme quelques autres commerçants de Colombes, ce cafetier était éditeur de cartes postales).

Au 51 de la rue Saint-Denis, entre la rue de l'Orme et l'impasse Barbu, se trouvait l'épicerie Dangon. C'est maintenant un tailleur chemisier qui occupe la place.

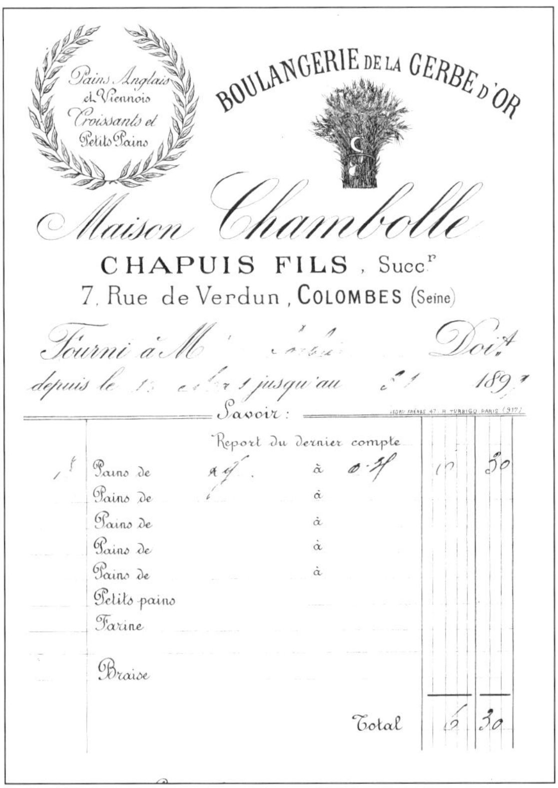

Pains Anglais et Viennois Croissants et Petits Pains

BOULANGERIE DE LA GERBE D'OR

Maison Chambolle

CHAPUIS FILS, Succ[r]

7, Rue de Verdun, COLOMBES (Seine)

Fourni à M ... Doit

depuis le ... jusqu'au ... 189.

Savoir :

Report du dernier compte

Pains de ... à ...

Pains de ... à

Pains de ... à

Pains de ... à

Pains de ... à

Petits pains

Farine

Braise

Total

La boulangerie de la rue de Verdun.

XI
La vie quotidienne et les sociétés locales

Le Colombes-Palace fut ouvert en 1919 et, en 1938, prit le nom de Colombes-Pathé. Ce cinéma aux fauteuils recouverts de velours rouge était le plus chic de Colombes ; on y allait toujours bien habillé. Il ferma en 1970 et fut remplacé par une grande surface.

Le Cercle : d'une fréquentation triée sur le volet, mais strictement masculine.

ASSOCIATION DES ÉMIGRÉS DE COLOMBES

GRANDE FÊTE ARTISTIQUE
et CINÉMATOGRAPHIQUE

Le Samedi 8 Mai 1937 à 20 h. 30

SALLE MUNICIPALE, Rue Julien Gallé

au Profit des Enfants Espagnols

SUIVIE D'UN GRAND BAL DE NUIT AVEC ORCHESTRE

PRIX DE LA CARTE 0.95 **donnant droit à la Surprise N°** 019

ENTRÉE : 4 Cartes - Chômeurs, Enfants, 2 Cartes

A.A.I.C. - 28, ex-16 AVENUE des Renouillers - COLOMBES

Après la guerre d'Espagne, nombreuses furent les associations soutenant les réfugiés espagnols et leur famille.

La société des Amis du pont de la Puce.

Le 4 septembre 1920, le cinquantenaire de la IIIe République fut fêté avec faste. Place de la République le char du comité de l'Ouest portant le nom des différents présidents s'apprête à prendre le départ du cortège.

Ces distingués personnages étaient les responsables d'une association dans le quartier du Pont de la Puce.

Le réveil du Petit Colombes.

PROGRAMME

DES FÊTES DE LA VILLE DE COLOMBES

du Dimanche 2 Juillet 1933

Grand Cortège de Chars et de Véhicules fleuris

ORDRE DE MARCHE

COMPAGNIE DES SAPEURS-POMPIERS

:-:

CHAR DES SAPEURS-POMPIERS

:-:

CHAR DE L'HARMONIE MUNICIPALE

:-:

CHAR DE LA REINE DES REINES DE COLOMBES

:-:

VEHICULES FLEURIS

:-:

CHAR DE « LA MUSE »

:-:

SOCIETE « L'ESPERANCE COLOMBIENNE »

:-:

CHAR DE « LA JOVIALE »

:-:

CHAR DE LA REINE DES REINES D'ASNIERES

:-:

AMBASSADRICES ET MADELON

:-:

LE REVEIL DU PETIT COLOMBES

:-:

CHAR DE LA REINE DES REINES DE PARIS

:-:

VEHICULES FLEURIS

:-:

CHAR DE LA REINE DE L'UNION DES COMMERÇANTS
Assistée des Mariannes de France, de Paris et de la Paix

:-:

DILIGENCE DE LA COMMUNE LIBRE DU VIEUX MONTMARTRE
sous la conduite de son Maire, M. PIERRE LABRIC

:-:

SOCIETE DES CORS DE CHASSE « LE RALLYE DE PARIS »
Directeur : M. HENRI ROBERT

:-:

CHARS PUBLICITAIRES

ITINERAIRE :

Place de l'Hôtel de Ville, rue du Maréchal-Joffre, rue de Paris, rue Félix-Faure, rue des Vallées, rue Pierre-Geofroix, rue des Cerisiers, rue Bellenot, rue de la Gare, rue de l'Indépendance, rue Saint-Denis, rue de Verdun, rue du Bournard, rue de l'Orme, rue du Maréchal-Joffre, rue de Paris, rue de Nanterre, place du Souvenir.

Programme des fêtes de la ville de Colombes, le 22 juillet 1933.

Pour la cavalcade de la Mi-Carême du 25 mars 1906, 15 chars étaient présents avec des groupes à pied et à cheval. Le char de l'alcool de menthe américaine (un dentifrice fabriqué par la parfumerie Normale, rue de la Pointe) fut particulièrement remarqué avec ses six flacons marchant de chaque côté du char, et sur celui-ci un Jonathan brossant à tour de bras la mâchoire d'un John Bull, lui faisant ingurgiter un cordial. Le soir, un bal sous le marché de la Garenne termina la journée. *Le journal de la Garenne-Charlebourg* du 1er avril 1905 consacra toute sa première page au récit de cette journée et quelques numéros suivants continuèrent sur ce sujet.

Deuxième exposition artistique de 1906.

Au début du siècle à Colombes, l'espèce chevaline comptait 588 individus, il y avait aussi un mulet et 13 ânes. L'arrivée de ces étranges véhicules qui vont se multiplier va amorcer le déclin, puis la disparition, de ces espèces dans la ville.

Les propriétaires sont fiers de poser devant leur villa nouvellement construite ; cette maison est toujours visible boulevard Marceau.

De ce groupe de jolies maisons, celle de droite a disparu, remplacée en 1932 par un immeuble de 4 étages qui a sensiblement altéré le charme de celles qui restent.

Le nom de cette avenue est issu du nom du lieu-dit de l'endroit. Les Vats signifient : terre infertile, inculte, jachère.

Les Quatres-Chemins. Au second plan, le café du Gobelet d'Argent et le local de l'octroi.

"Attention ne bougeons plus, le petit oiseau va sortir". Chien, cheval, pompier et jusqu'aux garnements du quartier, assagis un instant, se sont immobilisés pour fixer l'objectif du photographe.

En promenade du côté de l'usine des eaux.

La ville n'échappa pas aux grands mouvements sociaux du début du siècle. A Colombes, la carte postale nous a laissé le souvenir de la grève des cheminots et de celle des terrassiers. Au dos de cette carte on peut lire : "Souvenir des grèves de terrassiers juin 1911 - 4e compagnie du 119e d'infanterie - Gare de Colombes". Dans le "*Nouveau Journal*" du 16 juillet 1911, on pouvait lire : "nos agents à la tête d'escadrons de dragons parcourent toute notre région pour assurer la liberté du travail des ouvriers du bâtiment".

Cheminots grévistes à la gare de Colombes. C'est aux ateliers de Terniers dans le Nord qu'éclata, le 8 octobre 1910, la grève des cheminots. Depuis longtemps, les revendications des cheminots n'étaient pas prises en compte : augmentation de salaire (la thune), réglementation du travail, repos hebdomadaire, rétroactivité de la loi sur les retraites. Le mouvement fut général dans toute la France. Aristide Briand, président du Conseil, réquisitionna les gares, envoya la troupe et mobilisa les cheminots au titre de la défense nationale. Malgré la répression (emprisonnement et révocation de 3 000 cheminots), la lutte fut victorieuse. Début 1911, satisfaction était donnée aux revendications.

A la Garenne-Bezons, locomotive placée sur l'entrevoie par les grévistes pour empêcher la circulation dans les deux sens.

XII
Colombes du passé

Les sites et monuments qui sont évoqués dans les pages suivantes ont tous disparus de Colombes, mais de nombreux Colombiens les ont connus et en gardent encore le souvenir. Cette photo du Petit Château d'En-Bas, datant de 1910, a été réalisée par G. Lebreton, photographe et éditeur de cartes postales à Bois-Colombes. Le premier propriétaire connu fut Jacques II de Ricouart, seigneur d'Hérouville qui l'acheta, en hérita ou peut-être même le construisit dans la première partie du XVIIe siècle. Il le vendit à Henriette de France en 1662 qui le légua à sa fille Henriette, Anne d'Angleterre. Il passa ensuite entre plusieurs mains. Il devint propriété de monsieur de Verdun en 1785 et du baron Leroy en 1816. A la mort des époux Leroy, le morcellement de la propriété commença. Les sœurs de la Providence y logèrent, elles en furent chassées lors de la séparation de l'Eglise et de l'Etat. Le château devint un immeuble.

Cette fontaine fut dessinée par l'architecte départemental Paul Eugène Lequeux et mise en place en 1868. Elle représentait deux enfants groupés autour d'un piédouche en fonte et contenant une vasque ornée de godrons. Démunie de son bassin, elle fut transférée au square Fermé du boulevard Edgar Quinet. Elle y était encore visible au début des années 1960.

Sur cette carte postale du jardin public, ayant circulée en 1937, on distingue bien ce qui restait de la Fontaine.

Cette église restaurée et remaniée en 1849 et 1892, dont l'abside est ici représentée, datait dans ses lignes générales du XVIe siècle. Le clocher nord qui devait appartenir au XIIe siècle n'avait pas échappé aux restaurations. Cette église classée à l'inventaire supplémentaire en mai 1937 fut abattue à la demande expresse de la préfecture de la Seine. Mais le conseil municipal de la ville, dans sa délibération du 22 mai 1970, approuva le maintien et la restauration du clocher. En réalité, ce fut non seulement le clocher qui fut conservé mais également le carré du transept avec ses croisées d'ogives et l'ex-chapelle Saint-Joseph.

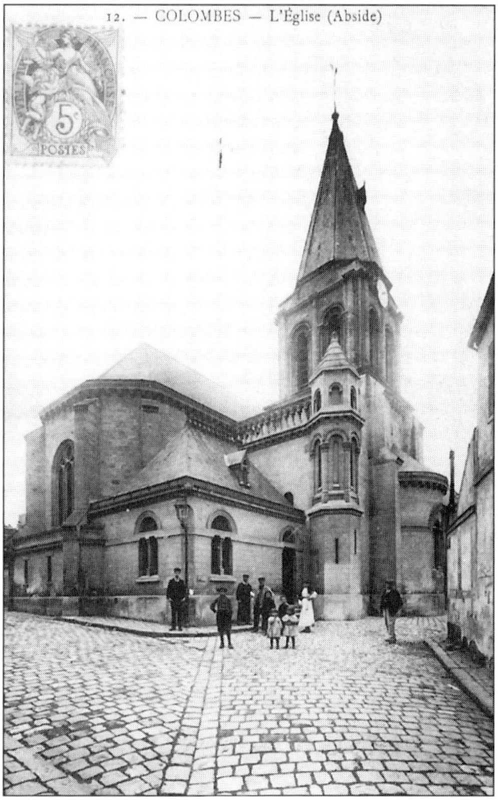

L'église vue de la rue de Nanterre (Gabriel Péri).

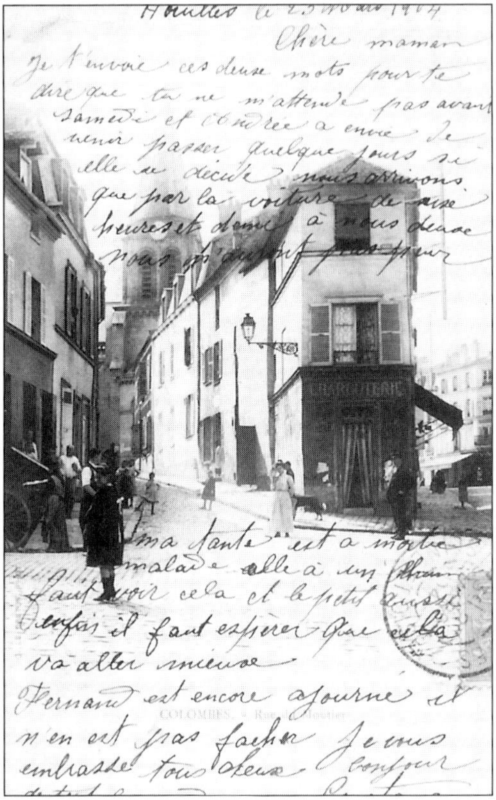

Rue du Moutier. Le nom de cette rue évoquait un monastère ou “Moutier” mais selon Michel Roblin, dans la région parisienne, le moutier a toujours désigné une église et non une abbaye. Cette rue est citée dans un texte de 1596 (L. Quenehen). Tout comme la rue du Four, elle a disparu lors de la construction du Prisunic et du centre de sécurité sociale.

Rue du Four. Par son nom, cette rue évoquait le four seigneurial qui s’y trouvait au Moyen Age. A cette époque, le seigneur disposait arbitrairement du droit du four banal qui ne donnait qu’à lui seul le droit de cuire le pain de la population. Ce droit fort impopulaire fut aboli à la fin du XIIIe siècle. Cette rue a disparu lors de la rénovation de l’îlot et de la construction du Prisunic en 1965.